シリーズ・「変わる！キャリア教育」

2 「仕事」と「職業」はどうちがうの？

キャリア教育の現場を見てみよう

長田　徹 監修（文部科学省初等中等教育局児童生徒課生徒指導調査官）
稲葉茂勝 著（子どもジャーナリスト）

ミネルヴァ書房

はじめに

小・中学生が、学校にいかなければならないのは、なぜだと思いますか？　「義務教育だから」という人がいるかもしれません。でも、子どもには、学校にいく義務があるわけではありません。「義務教育」は、子どもに教育を受けさせなければならないという保護者の義務なのです。

日本は、「教育の義務」「勤労の義務」「納税の義務」を、憲法でさだめています（日本国民の三大義務という）。

義務教育については、上に記したように誤解もありますが、それでも、日本人なら、働かなければならないのも、税金を納めなければならないのも、当たり前のこととして受け入れています。

しかし、この3つが憲法に規定されているのは、外国とくらべると異例のことなのです。義務教育と納税の義務は、外国でも、さだめられていることが多いですが、勤労の義務を規定している自由主義の国はめずらしい（社会主義国にはある）。それは、自由主義の体制では、納税の義務が規定されていればそれでじゅうぶん。どのように収入を得るかは、まったく自由でなければならないからです。

「キャリア教育」ということばを聞いたことはありますか？　文部科学省は、キャリア教育について「一人一人の社会的・職業的自立に向け、必要な能力や態度を育てることを通してキャリア発達をうながす教育」とし、「キャリア発達」とは「社会のなかで自分の役割を果たしながら、自分らしい生き方を実現していく過程をキャリア発達という」と説明しています。かんたんにいえば、なぜ学ぶのか、なぜ働くのかなどを小学生は小学生らしく、中学生は中学生らしく考えていくということです。

このための授業が、2003年ころから学校でさかんにおこなわれてきました。はじめのころは、さまざまな仕事がどのようなものか、どうすればその職業につけるかなどを、子どもたちに学習してもらってきました。それに関連する本もたくさん出版されてきました。

ところが、これからは、仕事を知って、職業へのつき方を学ぶだけでなく、将来仕事をする・職業につくために、必要な能力や態度を身につけてもらうことに力を入れて、きみたちに学んでいってもらうことになりました。「変わるキャリア教育」の背景には、こうした事情がありました。

きみたちにとっては、なんのために勉強するの？　大人はなんのために働くの？　といった根本的なことを、学校でしっかり学習していくということになります。

こうしたなか、このシリーズは、文部科学省初等中等教育局の生徒指導調査官をつとめる長田徹先生の指導のもと、きみたちがなにを考え、どんなことを話しあっていったらよいかを、具体的に提供するためにつくった本です。

1 学校にいくのは、なんのため？
読み・書き・計算と学ぶ態度を身につけよう

2 「仕事」と「職業」はどうちがうの？
キャリア教育の現場を見てみよう

3 どうして仕事をしなければならないの？
アクティブ・ラーニングの実例から

シリーズは全3巻で構成してあります。よく読んで、学校や家庭でも、仕事・職業について、どんどん話しあってください。きっと自分らしい生き方を実現していくのに役立ちますよ。

子どもジャーナリスト
Journalist for children　稲葉茂勝

もくじ

はじめに 2

1 お金と関係のない仕事 4
2 家計ってなに？ 6
3 職業の種類 8
4 会社ってなに？ 9
5 産業ってなに？ 10

もっと考えよう！ やってみよう！　家族の職業調べ 12
もっと考えよう！ やってみよう！　家族の仕事調べ 14

楽しいキャリア教育の授業レポート ① スイカを栽培して市場で競り体験 16
楽しいキャリア教育の授業レポート ② 会社をつくって自分たちのまちをPR 18
楽しいキャリア教育の授業レポート ③ 松山城のよさを伝えるガイド活動 20
楽しいキャリア教育の授業レポート ④ 写真展から社会をのぞく 22
楽しいキャリア教育の授業レポート ⑤ 地元の街道カーニバルで「子ども門前市」 24
楽しいキャリア教育の授業レポート ⑥ ドコイコ！　ナニシヨ！　ミニツアー 26
楽しいキャリア教育の授業レポート ⑦ 保護者による職業ブースで職業体験 28

用語解説 30
さくいん 31

この本の使いかた

株や国債、

青字の言葉は用語解説（30ページ）でくわしく解説。

それぞれのテーマと関連のある写真や図を掲載。

本文をよりよく理解するための情報を紹介。

この本を監修してくださった長田徹先生のひとことコメント。

もっと考えよう！

よりくわしい内容や、関連するテーマを紹介。

学校で実際におこなわれているキャリア教育を紹介。

1 お金と関係のない仕事

このシリーズ①巻では、「仕事」も「職業」も、どちらも生計を立てるためにすることを確認しました。でもここでもう一度、この本のタイトル「『仕事』と『職業』はどうちがうの？」について考えてみます。

辞書によると

辞書には、「仕事」と「職業」について、それぞれ次のように書かれています。

> ・しごと【仕事】
> ①するべきこと。しなければならないこと。
> ②生計を立てるために従事する勤め。職業。
> ・しょくぎょう【職業】
> 生計を維持するために日常している仕事。
>
> （『大辞林 第三版』より）

と、いうことは「仕事」と「職業」は、どうやら次の関係にあるといえます。

 ＞

みんなにとっての仕事とは

「あなたにとって仕事とは？」と聞かれたら、どう答えますか。みんなのなかには、「子どもだから仕事はない」という人がいるかもしれませんね。でも、子どもにも仕事はありますよ。そう、家族のなかでの「お手伝い」も、子どもたちの仕事ですね。これは、家族のなかでの子どもの「役割」といいかえてもよいでしょう。みんなは、どんなお手伝いをしているでしょうか。子どものお手伝いには、次のようなものがあります。

- せんたく、せんたくものをたたむなど
- 料理、食事のあとかたづけなど
- 玄関そうじ、風呂そうじなど

長田先生のワンポイント　仕事のもうひとつの意味

「仕事」には、「生計を立てるためにすること」のほかの意味もあるよ。生計を立てることとは関係なしに、「するべきこと」「しなければならないこと」も、「仕事」だということだね。

1 お金と関係のない仕事

こんな仕事・あんな仕事

みんなは、学校でも「仕事」とよんでいることをしていませんか。「クラス委員の仕事」「部活動の仕事」「ボランティアの仕事」……。これらも仕事ですよ。

一方、大人も、ボランティアの仕事をしている人がおおぜいいます。また、「学校のPTAの役員としての仕事」「サークルの仕事」「町内会の仕事」などいろいろです。

このように、子どもだけでなく、大人も収入を得ないでおこなう仕事というのがいくらでもあります。

大人も子どもも、だれでも「ほかの人の役に立ちたい」「世の中のためになるようなことがしたい」という思いからさまざまな仕事をしています。

学校の「かかり活動」でおこなういろいろな仕事。これらもたいせつな仕事だ。

家族と仕事

どんな家族でも、家族のなかのだれかが収入（お金）を得るために仕事をしなければなりません。収入を得る仕事、すなわち職業（⇒左ページ）は、たいていのうちでは、お父さんやお母さんがして、家族をやしなっています。

「お父さん（お母さん）の仕事はなんですか？」という質問をよく聞きます。しかし、その質問の仕方は、正確な言い方ではありませんよ。なぜなら「お父さん（お母さん）の職業はなんですか？」と問うべきだからです。

一方、「仕事はなんですか？」という質問に対して、「サラリーマンです」と答える人がいますが、これも正確な表現ではありません。「サラリーマン」は、「働いて給料をもらう人」をさすことばで、職業をあらわすことばではないからです。

泉田先生のワンポイント
自己実現

人によっては、高い目標をかかげて、それをなしとげようと日び仕事にはげんでいる人もいるよ。そういう仕事は「自己実現のための仕事」などとよばれることがあるんだ。

2 家計ってなに？

「くらしを立ててゆくための方法・手段」のことを「生計」といい、家族のくらしでいえば、「家計」ということばになります。いいかえると「家族が生活をするうえでのお金の出入り」が「家計」です。

収入

「収入」とは入ってくるお金のことです。一方、「支出」は出ていくお金です。

お金は、なにもしないでは入ってきませんね。家計の収入は、お父さんやお母さんのほか、家族のだれかが働いて収入を得ている（お金をかせいでいる）のです。

会社につとめて給料を得たり、自分の家で商売をして収入を得たりするなど、お金をかせぐ方法にはいろいろあります。土地や建物をほかの人に貸して収入を得ることもあります。また、お金をなにかに投資して（お金を増やす目的で、株や国債、その他のものにお金をつかうこと）、利益を得るという方法もあります。

2 家計ってなに？

支出

家族が生活していくには、あらゆることにお金が必要です。エンピツ1本、シャツ1枚を買うのにもお金がかかります。バスや電車に乗るのにも運賃をはらわなくてはなりません。電気やガス、水道をつかうのにもお金が必要です。

それでは、ふつう家族が生活するには、どんな費用が、どのくらいかかるでしょうか。

右の資料は、平均的な家族の「支出」のようすです。さまざまなものにお金がかかることがわかります。食料費や被服費（洋服代）、住居費、すなわち衣・食・住にかかる費用のほか、学校や塾などに通うための教育費や、病気になったときに必要な医療費なども必要です。

もっとくわしく

家庭の消費支出

消費支出とは、支出のうち、貯蓄や保険のように家計から支出してもお金が別のところに残るものに対して、つかってしまえばお金がなくなってしまうもののこと。大まかには、下記のようなものに分けられる。

食料費	食材、油脂・調味料、菓子類、調理食品、飲料、酒類、外食
住居費	家賃地代、設備修繕・維持
光熱・水道費	電気、ガス、ほかの光熱、上下水道
家具・家事用品費	室内装備・装飾品、寝具類、家事雑貨、家事用消耗品、家事サービス
被服費	和服、洋服、シャツ・セーター類、下着類、くつ・スリッパなど、被服関連サービス
保健医療費	医薬品、健康保持用摂取品、保健医療用品・器具、保健医療サービス
交通・通信費	交通、自動車等関係、通信
教育費	学校や塾、おけいこ、スポーツなどの授業料、教材
教養娯楽費	教養娯楽用耐久財、教養娯楽用品、書籍などの印刷物、教養娯楽サービス
そのほかの消費支出	諸雑費、こづかい、交際費、仕送り金

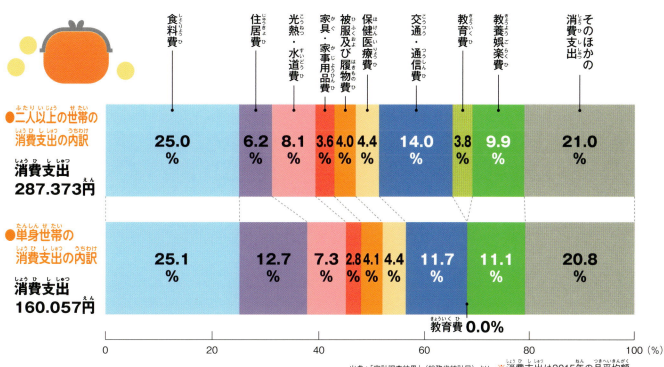

出典：「家計調査結果」（総務省統計局）より　※消費支出は2015年の月平均額。

3 職業の種類

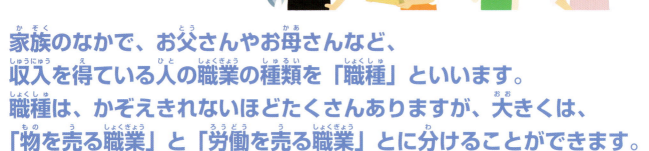

家族のなかで、お父さんやお母さんなど、
収入を得ている人の職業の種類を「職種」といいます。
職種は、かぞえきれないほどたくさんありますが、大きくは、
「物を売る職業」と「労働を売る職業」とに分けることができます。

物を売る職業（商売）

　肉や野菜、魚などの食べ物、洋服など、物を売る職業はかぞえきれないほどあります。売るという行為は同じでも、「売る物」をどのようにして手に入れるかにより、物を売るという職業は、さらにふたつに分けられます。そのひとつが、米や農作物などを自分でつくったり、魚などを自分でとってきたりして売る場合。もうひとつは、同じ米や魚でも、別の人から仕入れて売る場合です。

労働を売る職業

　会社や工場、お店やレストランなどで働いたり、医師や教師として働いたりするのは、物を売るのとはちがって、労働（働くこと）を売っていることになります。これが「労働を売る職業」です。

　さらに「労働を売る」とよく似たことに「サービスを売る」というのがあります。これは、労働のなかでも、人が別の人のためになにかをするということです（「サービス」という）。サービスを売る職業も労働を売る職業にふくまれます。

4 会社ってなに？

「会社」とは、お金をもうけることを目的にして物をつくったり、サービスを売ったりすることを法律が認めた組織（法人*）のことです。もうけたお金は、会社をつくったときのお金を出してくれた人や、そこで働いている人が分けあいます。

＊「法人」は、法律上、人と同じように権利をもち、義務をはたす資格があたえられた会社や団体。

個人と会社

個人で商売をする人は、自分でつくったり仕入れたりした物を売って出た利益を、自分で得ることができます。ところが、「会社」で組織的にやっている人たちは、自分が働く会社が利益を出すけれど、その利益は、直接個人の収入になるわけではありません。会社をつくった人や、働いている人たちが、会社の利益の一部を得ることになります。これは、物を売る仕事であっても「労働を売る職業」に分類されることを意味します（⇒左ページ）。

長田先生の ワンポイント

仕事の役割

4ページで、お手伝いは、家族のなかでの子どもの「役割」と書いてあるけれど、会社のなかにもいろいろな役割があって、それぞれの人の仕事になっているということだね。

会社の種類

物をつくる会社は「製造業」といい、物を売る会社は「小売業」、サービスを売る会社は「サービス業」といいます。

会社には、とてもたくさんの職種があって、さらにそれぞれの会社には、つくる人、売る人、会計係の人、会社の経営をする人、また、あたらしい商品を研究・開発する人など、いろいろな仕事（役割）があります。

●会社のおおまかな分類

サービス業	電力会社、ガス会社、鉄道会社、タクシー会社、バス会社、運送会社、電話会社、銀行、証券会社、保健会社、旅行会社、ホテル、旅館、美容院、映画館、スポーツ施設、レジャー施設、介護事業会社など
製造業	石油会社、鉄鋼会社、食品会社、造船会社、建設会社、自動車会社、電機会社、洋服製造会社、ゲームソフト制作会社、広告会社、出版社、テレビ局など
小売業	商社（総合商社、専門商社、貿易商社）、食料品販売会社、出版販売会社（取次）、中古車販売会社、電気機器販売会社、コンピューターソフト販売会社、住宅販売会社など

9

5 産業ってなに？

「産業」ということばはよく耳にしますが、その意味はわかるようでわからないかもしれません。会社の仕事には、さまざまなものがありますが、会社自体もまた、いろいろな産業のなかのさまざまな仕事をしているのです。

辞書に書いてある「産業」

「産業」を辞書で調べてみると、次のように書いてあります。

> 生産を営む仕事、すなわち自然物に人力を加えて、その使用価値を創造し、また、これを増大するため、その形態を変更し、もしくはこれを移転する経済的行為。農業・牧畜業・林業・水産業・鉱業・工業・商業および貿易など。（『広辞苑』より）

このように辞書には、むずかしいことが書かれていますが、かんたんにいえば「産業」とは、農業、牧畜業、林業、水産業、工業、商業などをまとめてよぶいい方のことで、産業は、大きく右の3つ（第1次産業、第2次産業、第3次産業）に分けることができます。

第1次産業
農林水産業を中心とする産業

5 産業ってなに？

第2次産業
工業や建設業などを中心とする産業

第3次産業
商業や観光サービス業などを中心とする産業

長田先生のワンポイント
仕事・職業はいくらでもある

いま、ここで産業についてしめしたのは、みんなにも、社会には、仕事も職業もいくらでもあることを知ってもらって、将来のやりたい仕事、つきたい職種を、さまざまな視点から考えたうえで、見つけだしていってほしいからだよ。

現代の日本の産業

現代の日本社会では、第1次産業が大幅にどんどん減ってきて、第3次産業が増えています。この理由は、農家などが減少し、サラリーマン（⇒p5）などが増加していることによります。こうした産業の変化により、現在は職業も昔と大きくちがってきました。

●産業別就業人口割合の推移

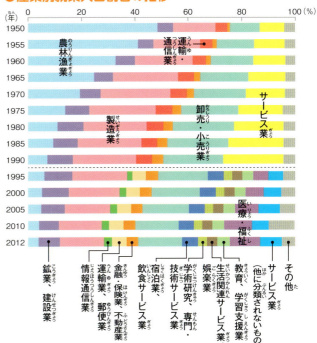

（注）①1990年までと1995年からとでは、産業のあらわしかたが異なっているので、接合することはできない。
②1990年までの卸売・小売業には飲食店をふくむ。

出典：総務省統計局「国勢調査（1950〜2010年）」「労働力調査（2012年）」をもとに厚生労働省労働政策担当参事官室にて作成

●雇用者（サラリーマン）と自営業者の比較

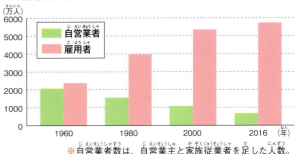

※自営業者数は、自営業主と家族従業者を足した人数。

出典：総務省統計局、労働力調査より

11

やってみよう！　家族の職業調べ

みんなのまわりの大人の人は、どんな職業についているでしょうか。お父さんやお母さんは、毎朝決まった時間に出かけることは知っていても、どんな職業なのか、どの産業で働いているかなど、知らない人も、多いのではないでしょうか。

家族にインタビュー

「お父さんはサラリーマン」とか「お姉さんはお店の店員」というように、おおよそのことしか知らないという子どもは、かなり多いようです。

右のような方法で、収入を得て働いている家族の職業を調べてみてはどうでしょうか。

長田先生のワンポイント

まずはインタビュー

いちばんいいのは、直接家族に聞いてみることだね。でも、ただ聞くのではなく、次のようなインタビュー用紙をつくって、あらかじめ質問の内容を書いておくといいよ。そうすれば、要領よくインタビューすることができるからね。

インタビューの例
- 仕事の内容をくわしく教えてください。
- 職場はどこにありますか？
- 仕事の時間帯を教えてください。
- 仕事についた理由はなんですか？
- 仕事には、どんな条件や資格が必要ですか？
- 仕事のいいところ、好きなところは？
- 仕事のきらいなところは？
- 仕事でたいへんなことは？
- 仕事でどんなことを心がけていますか？
- 仕事について家族にわかってほしいことは？
- 仕事のやりがいはなんですか？
- この仕事のほかにやりたかった仕事は？

家族の職場訪問

夏休みなど、平日でも学校が休みのときを利用して、お父さんやお母さんなどが働いているところを訪問して、職場を見学させてもらってはどうでしょう。インタビューだけではわからないことが、見えてくるはずです。

でも、そんなことできないよ、という大人も多くいます。それは、仕事のじゃまになるから、職場の人に迷惑がかかるからなど、いろいろな理由があります。子どもに職場を見られることを、てれくさいと感じる人もいるかもしれませんね。

見学させてもらう大人の人に、なぜ職場訪問をしたいのかをしっかり説明して、理解してもらうことがたいせつです。

みんなが家族や家族の仕事の分担について考えようとしていること、収入を得るために一生懸命働いている家族のことをもっと理解したいことなどを、しっかり説明すれば、協力してもらえるようになることも多いはずです。

長田先生のワンポイント

キャリア教育であること

このシリーズ①巻の29ページにも書いてあるけれど、多くの大人の人は、いま、学校でやっている「キャリア教育」のことをくわしくは知らないというよ。でも、キャリア教育について、ほとんどの人がよいことだと感じて、どんどんやってほしいと思っているんだ。家族の職場訪問というのも、学校のキャリア教育としてすばらしい実践になるよ。このことも家族で話してみるといいと思うよ。

定期的に「家族参観日」をおこなっている会社もある。名刺を自作して、親の上司と名刺交換。

親の机にすわって職場の雰囲気を体験。

仕事をしている親の姿を見ることができる、めったにない機会。　提供：サッポロホールディングス

やってみよう！　家族の仕事調べ

みんなの家では、家族のだれかが収入を得てくらしているわけだけれど、家族のなかでの仕事・役割（⇒p5）は、どうなっているでしょうか。ここであらためて考えてみましょう。

家族の仕事分担

みんなは家族のだれかが仕事をして、収入を得ることを、当たり前だと思っているでしょうか。それとも、そうしてもらっていることに感謝しながら、日びをくらしているでしょうか。

あらためて考えれば、お金をかせぐために一生懸命働いているお父さんやお母さんに感謝しているのはいうまでもないけれど、いつもそう意識しているかといえば……？

ところで、お手伝いをするのは、収入を得るために働いている家族の気持ちや立場を理解することにつながるといわれています。それは、お父さん、お母さんなどが、子どものために（家族のために）、どれほど苦労しているかが、お手伝いという仕事をすることでよくわかるということです。

ここでは、下のような表をつくって、みんなの家族の仕事分担が、どうなっているかを調べてみましょう。

表のつくり方

① 家族の仕事が、どのように分担されているか、きみの目にうつったままを表に記入する。

② できあがった表を、家族みんなに見てもらい、きみの判断が正しいかどうかチェックしてもらう。

③ 家族の仕事の現状がだれかにかたよっていないか、家族みんなで話しあい、もしかたよりがあれば、分担のしなおしなど改善策を考える。

××年×月×日　名前／鈴木春　チェックした人／鈴木秋子

家の仕事	だれがやっているか？	チェック欄
ご飯のしたく	お母さん、わたしがときどき手伝う	○
そうじ	お母さん	○
ぞうきんがけ	お母さん	○
せんたく	お母さん	○
せんたくものをたたむ	お母さん、わたし、弟	○
アイロンがけ	お母さん	○
皿洗い	わたし、弟	× お母さんが多い
ゴミ出し	お父さん	× お母さんが多い

14

郵便はがき

（受　取　人）
京都市山科区
　　　日ノ岡堤谷町１番地

差出有効期間
平成30年9月
30日まで

ミネルヴァ書房

読者アンケート係 行

◆ 以下のアンケートにお答え下さい。

お求めの
　書店名＿＿＿＿＿＿＿＿＿＿市区町村＿＿＿＿＿＿＿＿＿＿＿＿＿＿＿書店

* この本をどのようにしてお知りになりましたか？　以下の中から選び、3つまで○をお付け下さい。

　　A.広告（　　　　　）を見て　B.店頭で見て　C.知人・友人の薦め
　　D.著者ファン　　　E.図書館で借りて　　　F.教科書として
　　G.ミネルヴァ書房図書目録　　　　　H.ミネルヴァ通信
　　I.書評（　　　　）をみて　J.講演会など　K.テレビ・ラジオ
　　L.出版ダイジェスト　M.これから出る本　N.他の本を読んで
　　O.DM　P.ホームページ（　　　　　　　　　　　　）をみて
　　Q.書店の案内で　R.その他（　　　　　　　　　　　　　　）

書 名 お買上の本のタイトルをご記入下さい。

◆上記の本に関するご感想、またはご意見・ご希望などをお書き下さい。
　文章を採用させていただいた方には図書カードを贈呈いたします。

◆よく読む分野（ご専門）について、3つまで○をお付け下さい。
　1. 哲学・思想　　2. 世界史　　3. 日本史　　4. 政治・法律
　5. 経済　　6. 経営　　7. 心理　　8. 教育　　9. 保育　　10. 社会福祉
　11. 社会　　12. 自然科学　　13. 文学・言語　　14. 評論・評伝
　15. 児童書　　16. 資格・実用　　17. その他（　　　　　　　　　　）

〒 ご住所		
	Tel　　　（　　　）	
ふりがな お名前	年齢　　　　性別 歳　　男・女	
ご職業・学校名 （所属・専門）		
Eメール		

ミネルヴァ書房ホームページ　　**http://www.minervashobo.co.jp/**
＊新刊案内（DM）不要の方は × を付けて下さい。　　□

家事を給料にするとどうなる？

みんながするお手伝いはもちろん、じつは、お母さんなどがする、食事づくり、そうじ、せんたくなどの家の仕事（家事）は、いくら働いても収入は得られませんね。

でも、家事や育児、お年寄りの介護（世話）など、家庭での仕事を、人にたのんでやってもらったとしたら、どのくらいお金が必要になるでしょうか。いいかえれば、どのくらいの金額を家計から支出しなければならないでしょうか。下は、内閣府が2013年におこなった調査です。この「無償労働の貨幣評価」（ただで働いている仕事に値段をつけること）という調査によると、家事仕事の値段は、専業主婦の場合、年間で平均約304万円になることがわかりました。

左下の表からもわかるとおり、家事は年間にして304万円にもなる仕事。もし、これを家計から支出しなければならないとなれば、それだけ収入が必要となります。ということは、実際に収入を得ていなくても、収入を得たのと同じことになるのです。

もっとくわしく
影の仕事（シャドウ・ワーク）

家事のように、なくてはならない仕事にもかかわらず、収入が得られない仕事のことを「シャドウ・ワーク」（影の仕事）ということがある。衣食住にかかわる仕事や、育児、地域のつきあい、介護など、さまざまなものが、シャドウ・ワークにふくまれる。

●無償労働の評価額

	年間	無償労働時間
専業主婦	304万1000円	2199時間
兼業主婦	223万4000円	1540時間

時間給

すいじ	そうじ	せんたく
1163円	992円	1015円
ぬいもの・あみもの	家庭雑事	介護・看護
858円	1141円	1193円
育児	買いもの	ボランティアなどの社会活動
1238円	1141円	1816円

※時給は類似サービスの賃金に換算。
平成25年の内閣府調査をもとに作成

楽しいキャリア教育の授業レポート ①

スイカを栽培して市場で競り体験

3、4年生

ここからは、全国の学校でおこなわれているキャリア教育を紹介します。まずは鹿児島県指宿市立徳光小学校のスイカ栽培です。徳光小学校では、特産の「徳光スイカ」*を育て、市場に出荷しました。

アグリスクールでスイカを栽培

指宿市立徳光小学校では、2013年から「アグリスクール・スイカ部」と題して、スイカの収穫・市場体験をおこなっています。2016年度は、3、4年生18人が、近くの高校の生徒・生産者・JAいぶすき・関係機関などの協力を得て、徳光スイカの植えつけから収穫までをおこない、競りにかけるという体験をしました。

ふるさとのよさを知る

アグリスクールは、地域の特産をたいせつにして、地域のよさを知り、しっかりと守っていってほしいという大人たちの願いがこめられています。地域の特産品を栽培することで、農業のたいへんさとともに生産の喜びを学びます。また、青果市場での競り体験をとおして、販売や流通などについての社会勉強をします。

長田先生のワンポイント

アグリスクール

全国のJAでは、さまざまな形で「アグリスクール」を企画しているよ。農業のことを英語で「アグリカルチャー」というのだけれど、アグリスクールは、地元の農業を体験することで食べものや農業のたいせつさを学ぶというもの。徳光小学校の授業は、流通や販売そして売上を社会に還元しているところにまでつながっているところが、キャリア教育になっているね。

*1960年から徳光校区で栽培され、長く消費者に親しまれていたが、ほかの産地のスイカの人気におされて生産農家が減少し、栽培時期が早いこともあって「まぼろしのスイカ」とよばれている。

授業の流れ

小学校アグリスクール

3月中旬 アグリスクールの開校式。県の南薩地域振興局職員から農家の仕事やスイカ栽培、作業の流れなどについての話を聞いた。

4月中旬 農家の人に教わりながら、よぶんなわき芽や枝をとりのぞき、芽を同じ方向に向ける作業をした。

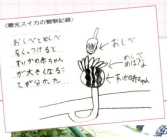

〈徳光スイカの観察記録〉

4月下旬 交配作業をおこなった。雌花に雄花の花粉をつけて、かくじつに果実をつけるようにする大事な作業。

どんどん成長していくんだね。

4〜6月下旬 友だちと協力してスイカの除草をした。成長のようすもしっかり記録。

ぜったい、おいしいよ。

6月中旬 たくさんの人たちの協力を得て、いよいよスイカの収穫。収穫後は、近くの高齢者福祉施設にもとどけて、交流をはかった。

6月中旬 鹿児島市中央青果卸市場で競り体験。買い取り人が約120玉を次つぎに競りおとした。競りで売り上げたお金は、お世話になった農家の人たちに還元した。

学習を終えた感想文が南日本新聞に掲載された。

指宿市
徳光小学校4年
篠原 春優さん

徳光スイカ大好きに

徳光スイカについてわかったことが三つあります。①皮の近くまで甘い（とう度が高い）②一かぶに一つしか実らせないおいしさをぎゅうぎゅく③5月初めには出荷が始まる。だから「まぼろしのスイカ」と呼ばれるんだなあと思いました。地域の人々の知恵や努力、思いを知り、何気なくみていた開聞岳も徳光校区もスイカももっと好きになりました。

ふりかえりノート

- 地域の特産品にほこりをもてた。
- 農業に対して関心をもった。
- 自分たちがつくったスイカに値段がついたのでびっくりした。
- とても重かったけれど、あまくておいしいスイカができてよかった。
- スイカをつくるのに、どれだけのことをしているのかがわかってよかった。スイカを食べるときには、残さず食べようと思う。
- たくさんの人に協力してもらって、スイカをつくることができた。
- がんばってつくったから、高く買ってもらえてうれしい。

楽しいキャリア教育の授業レポート ②

会社をつくって自分たちのまちをPR

4年生

「地元のまち高円寺をたくさんの人に知ってもらおう」と、4年生が会社をつくり、オリジナル商品を企画・開発します。しかも本物のお金を使い、利益を生んで社会へ還元するという本格的な会社です。

杉四カンパニーとは

　東京の杉並区立杉並第四小学校では、3年生で地域の人とともにまちの商店街をめぐり、オリジナルのカルタづくりをする「高円寺カルタ」をおこない、4年生になると総合的な学習の時間をつかって、模擬会社づくりの授業をおこないます。班ごとに「杉四カンパニー」という会社をつくり、それぞれの班が開発商品のデザインを考えます。商品化されるのは、ひとつの班のアイデアのみです。

事業計画を練って利益を社会へ還元

　地元の人たちもまざった審査員へのプレゼンテーションを通過して選ばれたアイデアを商品化して販売するために、今度は全員が協力して事業計画を練って販売活動をおこないます。みんなで考えた事業計画をもって校長先生銀行にいき、融資をお願いします。資金ができたら、商品をつくる会社に商品作成を依頼します。販売で得た利益を寄付などにつかい、社会還元をおこないます。

長田先生のワンポイント

地域といっしょに

高円寺の商店街は、夏におこなわれる阿波おどりの祭りでもよく知られているよ。商店街のつながりがとても強くて、それが地元の子どもたちや学校ともうまく連携しているね。実際に商品をつくり、販売することを学ぶのには、こうした地域の大人たちの協力も必要だね。

授業の流れ

6月 杉四カンパニーの立ち上げ。社長、会計、仕入れ、宣伝、販売の役職を決めた。一人ひとりが商品を考え、話しあいを重ねてひとつに決定。

7月 商品のプレゼンテーションの方法を考え、準備や練習をした。

7月 商品評価会。地域の人や保護者をまねいて、各会社の商品をきそいあった。商品化は1点のみ。杉並区高円寺のイメージを商品に反映する会社が多かった。

10月 校長先生銀行にいき、融資のお願いをした。

融資がおりて決済書がもらえた。

12月 販売活動に向けての準備（販促物の準備）。ポスターやチラシなどの販促物をつくり、事前宣伝をおこなった。

タオル、販売してまーす！

1月 販売活動スタート。杉四カンパニー限定「高円寺阿波おどりタオル」を商店街や駅頭で販売した。

2〜3月 校長先生銀行に決算の報告。利益のつかい道は、社会貢献として募金をすることに決定。会社ごとに話しあい、意見を出しあった。

ふりかえりノート

- 社員みんなと力を合わせて販売をがんばった。「あと残りひとつです」などと声かけをしたらお客さんがいっぱいきてくれた。最高の思い出になった。
- 失敗することもあったけど、最後はみんなで協力できてよかった。
- ポスターやちらしなどをつくることは、考えただけではかんたんだけど、実際にやるとたいへんだった。

楽しいキャリア教育の授業レポート ③

松山城のよさを伝えるガイド活動

4年生

愛媛県松山市の名所、松山城では地元の小学4年生が「総合的な学習の時間」の授業でガイド活動をおこないます。観光客の人たちに、松山城のすばらしさを伝えます。

松山城観光ガイドボランティア

愛媛県松山市は、松山城を中心にさかえた城下町で、四国を代表する観光地として親しまれています。まちの中心となる松山城の観光ガイドをつとめるという授業がおこなわれているのが、松山市立東雲小学校です。4年生を対象に、施設や文化財などの調べ学習をしながら、実際に松山城で観光客の人たちにガイド活動をおこないます。

高まるコミュニケーション力

ガイド活動に協力するのは、松山城の観光ボランティアガイドの人たちです。ゲストティーチャーとして学校をおとずれて子どもたちの活動をサポートします。ガイド原稿や話し方のアドバイスを受けたあとは、リハーサルを経ていよいよ本番です。観光客との双方向のコミュニケーションにも心をくばりながら、練習の成果を発揮します。

長田先生のワンポイント

地域のよさを伝える

松山城のよさをだれかに伝えようと思うと、松山の自然、歴史、文化を調べないとね。それらをまとめて、相手に理解してもらえるようにくふうして伝えるなんて、むずかしい仕事に挑戦したんだね。こんな仕事や役割は大人になってもいっぱいあるよ。いい体験をしたね。

20

授業の流れ

9月下旬 ガイド活動学習のスタート。実際に松山城にいき、プロのボランティアガイドの話を聞き、松山城について学んだ。松山城の歴史や城としての守りのくふうなどを聞きながら、ガイド活動についての見とおしをもった。

10月上旬 ボランティアガイドの人をゲストティーチャーにむかえ、教室で班ごとにガイド原稿を作成。わからないことばの意味を調べたり質問したりして松山城への理解を深めた。

10月下旬 ガイド活動リハーサル。実際に松山城にいき、ボランティアガイドの人の協力のもと、立ち位置などを確認しながら練習。その後、先生や保護者の見守るなか、これまでの練習の成果をたしかめるため、観光客に実際にガイドをおこなった。また職員室の先生たちの前でも、ガイド活動をくりかえし練習した。

11月上旬 観光シーズンに合わせていよいよ本番。班ごとに分かれて、リハーサルでの反省点を生かしてよりよいガイド活動をおこなった。自分のものにした知識を伝えるとともに、コミュニケーション力を発揮して観光客の人たちと会話を楽しみ、交流を深めた。

松山城の歴史をお話します。

こちらをごらんください。

1月 1月15日は、松山城のお誕生日。お祝いにかけつけ、みんなでガイド活動をおこなった。

ふりかえりノート

- いろいろな県や外国の観光客の方がたと楽しく会話ができた。
- 松山城のよさをたくさんの人に知ってもらえて、よかった。
- 観光客の方がたから「すごいね」「じょうずだね」「ありがとう」などとほめられたり感謝されたりしてうれしかった。
- はじめて出会う人ともガイド活動をとおして交流ができ、自信がもてた。
- 積極的に会話を楽しみ、人との交流が好きになった。
- 「笑顔・感謝・夢」をキーワードにガイド活動をおこなった。ふだんの生活にも生かしていきたい。

楽しいキャリア教育の授業レポート ④

写真展から社会をのぞく

5年生

地元にある美術ギャラリーで開催される写真展をとおして、美術館が企画する展覧会にかかわるさまざまな職業の人とかかわりをもったうえで、実際に自分たちでも校内で写真展を開きました。

自分たちの写真展を開く！

東京の三鷹市にある市立第四小学校の近くには、三鷹市美術ギャラリーという美術館があります。第四小学校の5年生は、「写真展から社会をのぞこう」というテーマで、校内写真展を開催する計画を立てて実行しました。自分たち一人ひとりが撮影した写真をもとに、11月の展覧会のときに写真展として発表しようというものです。

写真展から社会が見えた

写真展を開くにあたり、四小の5年生が出会ったのは、プロのカメラマン、ギャラリーで働く人たち、展覧会にかかわるさまざまな会社の人たちでした。美術館の意義、展覧会がどういった流れで実現するのか、実現するためにどのような人びとや職業がかかわっているのかについて学んだだけでなく、働くことへの思いも伝わりました。

長田先生のワンポイント

写真を通じて思いを伝える

一枚の写真を通じて自分の思いをだれかに伝えるという仕事があるんだね。ことばや文字をつかってもむずかしいのに、写真で思いを伝えるなんてたいへん。でも、くふう次第で、ことばや文字よりも相手に気持ちがとどく写真ができるんだね。絵やデザインだったり、映像やファッションだったり、思いを伝える仕事は、いろいろとありそうだね。

授業の流れ

7月 学校行事の写真をとる写真屋さんのスタッフの人たちをゲストティーチャーにまねき、写真のとり方や構図について話を聞いた。

7月 一人ひとりなにをとりたいのかを話しあい、実際にカメラをもって外へ写真撮影にいった。

どんな構図でとろうかな？

11月 写真展のテーマを決めて、写真展をおこなった。

10月 ギャラリー見学。学芸員の人から説明を聞き、ギャラリーのスタッフの人と対話をしながら現場で働く人たちの集大成として完成された展覧会を見た。

10月 ギャラリーの学芸員さんをゲストティーチャーにまねき、実際の写真展ができあがるまでのようすを説明してもらった。

案内人としてお客さんに作品を解説した。

この写真をとった背景は……。

ふりかえりノート

- プロカメラマンの話を聞いて、写真の構図を知ることができた。
- プロカメラマンの話を聞いて、被写体の選び方を考えなおした。
- 学芸員さんの話を聞いて、写真展を開くのにたくさんの人がかかわっていることにおどろいた。
- 写真展を見学することで、会場のレイアウトを考えるときに参考になった。
- 写真展をとおして、ひとりではなく、たくさんの人が協力していることを再確認した。

楽しいキャリア教育の授業レポート ⑤

地元の街道カーニバルで「子ども門前市」

6年生

子ども門前市は、商品の仕入れから販売までをおこない、「商売の仕組み」を経験するというものです。地元の商工会の指導を受け、本物の商品をつかって毎年おこなわれているイベントに出店します。

地域の一員として祭りを盛り上げる

大井川西小学校のある焼津市大井川地区には、田沼街道とよばれる道が通っています。田沼街道では、2001年から、町内の商店街の活性化もかねて、毎年11月に「街道カーニバル」という祭りがおこなわれるようになりました。その祭りに、地元の特産品や駄菓子、雑貨などの仕入れから販売までを体験する「子ども門前市」が開かれ、毎年参加するのが、大井川西小学校の6年生です。

「殿様道中」と「子ども門前市」

田沼街道は、相良城と東海道藤枝宿を結ぶ、田沼意次が整備した街道です。街道カーニバルでは、事前に学習したことを生かして江戸時代の参勤交代の「殿様道中」を再現し、手づくりした江戸時代の衣装を着て、街道を歩きました。

門前市では、商店の人たちの協力のもと、自分たちで仕入れ、値付けをした商品をPOPなどといっしょにならべ、商売体験をしました。

長田先生のワンポイント

起業体験……なりわい（仕事）を起こしてみよう

実際に仕事をしてお金をかせいでみるという体験だね。なにを売れば、いくらにすれば、何個つくれば、どう売れば利益を得ることができるのか。地域の人に教えてもらいながら、みんなで決めていくんだね。利益を生みだすことは決してかんたんなことではないよね。

授業の流れ

7月 総合的な学習の時間で、さまざまな職業について調べた。その後、11月までに準備をし、自分たちでつくった商品を保護者に販売することを体験して商売の苦労を知った。

11月 焼津信用金庫の人をゲストティーチャーにむかえて「値段の決め方」や「お金のあつかい方」をテーマに学んだ。

値段をいくらにしようかな。

経済教室 商工会の人に値段のつけ方や利益、経費について教わり、自分たちで商品の値段を考えた。

事前準備 大井川商工会の人たちをゲストティーチャーにまねき、販売品目の設定、仕入れ伝票の作成、看板づくり、店頭POPの作成の仕事などを教わりながら、商売について学習した。

宣伝活動 自分たちの商品のよさをアピールする宣伝活動をおこなった。

ポイントカードもつかえますよ。

子ども門前市での販売活動 お金のやりとりや商品の受け渡し、よびこみなど全員が販売を体験。後日、商工会から受け取った利益のつかい道を自分たちで話しあい、学校でつかうボールなどを購入したり、協力してくれた商店へのお礼につかったりした。

「下に～、下に」を合いことばに、田沼街道を練り歩く「殿様道中」。

ふりかえりノート
- 商品のならべ方や接客の仕方に注意した。
- 買いに来てくれたお客さんたちも喜んでくれてうれしかった。
- お客さんの注文をじょうずに聞いてすばやく売ることがむずかしく、商売のたいへんさがよくわかった。
- 商品を売り切り、商売の楽しさを知った。

楽しいキャリア教育の授業レポート ⑥

ドコイコ！ ナニシヨ！ ミニツアー

小学3年生〜中学3年生

まちの人たちにあまり知られていない魅力の場所をおとずれるツアー企画を考え、お客さんを募集して実際にツアーを運営するという授業があります。ふるさとのよさを学び、それを発信することがねらいです。

内浦小中学校プロデュース企画！

内浦小中学校のある高浜町（福井県）は、ゆたかな観光資源にめぐまれ、観光が重要な産業のひとつです。内浦小中学校では、小学3年から中学3年までの7年間をとおして、総合的な学習の時間を中心に旅行ツアー「ドコイコ！ ナニシヨ！ ミニツアー」を企画・運営します。企画書をつくるのは中学生、ツアーのガイド役をするのは小学生（5年生と6年生）です。右ページの写真は、化石発掘体験を中心に親子を対象としたツアーを企画したときのものです。内浦地区は全国でもめずらしく化石がとれる場所なのに、まちの人たちにもあまり知られていないということで企画が実現しました。

一般参加で本格的なツアーを実施

ツアー企画を応援するのは、「高浜まちづくりネットワーク」です。ツアーは一般参加者を募ります。中学生は、事前にプロの旅行業者から接客の仕方を学び、当日はツアーガイドとして一日同行します。小学生は名所や昼食で出される食材の紹介などを担当し、ツアー客のおもてなしをします。

長田先生のワンポイント

地域にほこりをもつ

その地域に長く住んでいても、地域のよさに気がつかないことってあるよね。まちの大人たちも知らないことを発見して、それを伝えていくのは、とてもだいじなことだね。

授業の流れ

	5月	6月	7月	8月
小学生	昨年度のようすを映像を見ながらふりかえり、課題などについて話しあう。	ツアーに向けての準備学習。ガイドする場所を調べ、下見をし、ガイド用の原稿を作成。原稿を中学生や地域の人に見てもらい、アドバイスを受ける。原稿を覚えてガイドの練習をする。	ツアーの役割分担や、雨の日はどうするかなどこまかい打ち合わせを重ねる。	ツアーに同行し、小学生がガイド役を担当。案内役をつとめるのは、中学生。お客さんの世話をする。
中学生	昨年度の反省をもとにそれぞれの生徒が今年度のツアーを企画。	同じ規模の他校にIP電話を通じてプレゼンテーションをおこない、企画にたいする意見や感想を聞く。企画修正をして地区の大人の人にプレゼンテーションをおこない、企画を決定。		

● ツアー当日のようす

昼食は、地元の魚や野菜を集めた手まきずしランチ。準備も配膳も自分たちで。漁師さんが魚さばきを見せてくれた。

内浦には魅力的な場所がいっぱいあります！

山中海岸で実際に化石の発掘を体験。

3、4年生は、内浦の魅力をお客さんに紹介。

手まきずしの具。

化石を学校まで運び、広い場所でもういちど発掘作業（下）。化石について発表する6年生（右）。

この石に化石がかくれているのかなぁ。

ふりかえりノート（小学生）

- ていねいなことばや適切な速さで説明することができた。
- 内浦の地域について聞き取りをしたり調べたりすることで、自分たちの地域のよさをあらためて知ることができてよかった。
- さまざまな人に内浦のことをもっと知ってもらいたいと思った。
- しっかりお客さんの顔や目を見ながら話せなかった。
- ガイド内容を伝えることはできたけれど、原稿以外で、内浦の学校のことをアドリブで話すなど、こちらから参加者に話しかけることはできていなかった。

楽しいキャリア教育の授業レポート 7

保護者による職業ブースで職業体験

高学年

職業体験といえば、地元のお店や会社にいって体験するのが一般的ですが、保護者が自らの職業をもとにしたブースを出して、子どもたちに体験講座をする、という学校があります。

くふうがいっぱいの体験学習

岐阜県の大垣市立中川小学校では、毎年1月の最終日曜日におこなわれる「中川小フェスティバル」のなかで、高学年（4〜6年生）を対象に、職業体験授業を保護者であるお父さんやお母さんがおこないます。子どもたちにとっては、親の職業を見たり体験したりできる、めったにない機会です。ひとつの教室がひとつのブースとなり、全部で12〜13の職業ブースができます。どのブースでも、実際にその仕事にたずさわっている保護者が、仕事の内容やたいへんさなどを説明。ブースを担当する保護者は、仕事にかかわる道具や材料などを持参して、楽しく体験学習ができるようにくふうしています。

長田先生のワンポイント

働くことの意義を知る

仕事のやり方を学ぶ前に、社会はたくさんの仕事や役割によってささえられていることをまず知ることがたいせつ。たくさんの仕事を体験することで、「収入を得るため」「趣味や関心を生かして」など働くことの意義と、仕事の喜びやたいへんさが学べるね。

ふりかえりノート

- 得意なことや好きなことを生かした職業につくのはすごく楽しいけれど、たくさんの知識が必要なことがわかった。（チョークアート体験）。
- 仕事はお金のためではなく、人の役に立つためにやることもたいせつだと思った（清掃・環境体験）
- 聴診器で聞いた心臓の音に感激したし、手術の道具をあつかうことのむずかしさを感じた。命のたいせつさと仕事のたいへんさを考えてしまった（看護体験）。

職業体験ブース

スポーツ用品製造

バットの製造過程について学んだ。

あれ？むずかしい。
自動車製造
自動車にかかわる仕事のおもしろさを体験。

電化製品販売
販売という仕事の説明を聞き、話題の家電製品を試用。

スポーツ・接骨
けがをしたときの応急処置法を学んだ。

ガス機器
実際のガスボンベを運ぶ仕事などを体験。

製品開発
即席チームをつくって牛乳パックでいすの製品開発。

塗装・建築
実際の塗装作業を体験。

清掃・環境
パッカー車の操作体験やリサイクルゴミの分別体験。

司法
「3匹の子ぶた裁判」のビデオを見て裁判を疑似体験。

調理
調理体験をして調理師の仕事を学ぶ。

チョークアート
チョークをつかってアート体験。

看護
実際に手術でつかう道具で疑似体験。

保育関連
園長先生から園児への声かけの仕方を学ぶ。

29

用語解説

本文中の覚えておきたい用語を五十音順に解説しています。

株 ……… 6
株券。株式会社の資本（会社を運営するお金）を出していることをしめすもの。これをもっている人には、会社の利益におうじて「配当金」というお金がしはらわれる。

国債 ……… 6
国債とは、法律にもとづいて国が発行する債券のことで、国の借金を意味する。借金といっても、債券を発行して銀行や企業、一般投資家に買ってもらい、資金を集めるやり方のこと。国債をもっている人は、国にお金を貸したことになる。

参勤交代 ……… 24
江戸時代に出された幕府の法令。各地域の大名を定期的に江戸に参らせることを義務化した。目的は将軍への主従関係を明確にするためともいわれている。

JA ……… 16
日本の農業協同組合（Japan Agricultural Cooperatives）の通称で、農業分野（第1次産業）で働く人たちでつくる各地域の協同組合のこと。農家の生活や地域社会を守るために、共同販売や経営・技術指導、お金の貸し借りなどさまざまな活動をして、おたがいに助けあっている。

自己実現 ……… 5
自分がもっている素質や能力などを発展させ、より完全な自分自身を実現していくことを「自己実現」という。仕事においては、自分の目的や理想の実現に向けて努力し、なしとげること。

商工会 ……… 24、25
おたがいの仕事や地域の発展のために、その地域で働くさまざまな業種の人たちでつくる公益団体（非営利団体）。融資や経営の相談など、小規模な会社や事業にたいしてもサポートをおこなう。

競り ……… 16、17
何人かの買い手が値段をきそいあい、もっとも高い値段をつけた買い手に売る方法を「競り」という。ほしい人がたくさんいると値段はあがる。

専業主婦 ……… 15
物やサービスを売って収入を得る労働ではなく、家事や育児などの無償労働に専念する既婚女性（結婚した女性）のこと。これまで家庭内での仕事は女性の役割とみなされていたが、男女平等の考え方が広まった最近では、女性が外で収入を得て、男性がおもに無償労働をおこなう夫婦のかたちもあり、「専業主夫」ということばも生まれた。

POP（広告） ……… 24、25
「Point of purchase advertising」の頭文字をとった略語で、商店などで見られる販売促進のための広告のこと。商品の名前や値段だけでなく、その品の特徴やおすすめポイントなどが書かれていることも多い。

融資 ……… 18、19
銀行などが、仕事や家を建てるなどの理由でお金を必要とする人に、必要なだけのお金を貸すこと。「ローン」ともよばれる。

さくいん

あ行

アグリスクール …… 16、17
指宿市立徳光小学校 …… 16
インタビュー …… 12、13
大垣市立中川小学校 …… 28
お手伝い …… 4、9、14、15

か行

会社 …… 6、8、9、10、18、
　　　　　19、28、30
ガイド …… 20、21、27
街道カーニバル …… 24
学芸員 …… 23
家計 …… 6、7、15
家事 …… 15、30
株 …… 6、30
起業体験 …… 24
キャリア教育 …… 13、16
給料 …… 5、15
ゲストティーチャー
　　　…… 20、21、23、25
小売業 …… 9、11
国債 …… 6、30
子ども門前市 …… 24、25
雇用者 …… 11

さ行

サービス …… 8、9、15、30
サービス業 …… 9
サラリーマン …… 5、11、12

産業 …… 10、11、12
参勤交代 …… 24、30
ＪＡ …… 16、30
自営業者 …… 11
自己実現 …… 5、30
仕事 …… 4、5、9、10、11、12、
　　　　13、14、15、17、20、
　　　　24、28、29、30
支出 …… 6、7、15
写真展 …… 22、23
シャドウ・ワーク …… 15
収入 …… 5、6、8、9、12、13、
　　　　14、15、28、30
商工会 …… 24、25、30
商売 …… 8、9、24、25
消費支出 …… 7
職業 …… 4、5、8、9、11、
　　　　12、25、28
職業体験 …… 28
職種 …… 8、9、11
職場 …… 12、13
職場訪問 …… 13
杉四カンパニー …… 18、19
杉並区立杉並第四小学校 …… 18
生計 …… 4
製造業 …… 9
競り …… 16、17、30
専業主婦 …… 15、30

た行

第1次産業 …… 10、11、30
第3次産業 …… 10、13

第2次産業 …… 10、12
高浜町立内浦小中学校 …… 26
ツアー …… 26、27
徳光スイカ …… 15

は行

プレゼンテーション
　　　…… 18、19、27
法人 …… 9
保護者 …… 19、21、25、28
POP（広告） …… 24、25、30
ボランティア …… 5、20、21

ま行

松山城 …… 20、21
松山市立東雲小学校 …… 20
三鷹市美術ギャラリー …… 22
三鷹市立第四小学校 …… 22
無償労働 …… 15、30

や行

焼津市立大井川西小学校 …… 24
役割 …… 4、9、14、20、28、30
融資 …… 18、19、30

ら行

利益 …… 6、9、18、19、
　　　　24、25、30
労働 …… 8、9、30

■監修

長田　徹（おさだ　とおる）

宮城県生まれ。石巻市立雄勝中学校社会科教諭、仙台市教育委員会指導主事などを経て、2011年5月から文部科学省。現在、初等中等教育局教育課程教科調査官、同児童生徒課／高校教育改革プロジェクトチーム生徒指導調査官。国立教育政策研究所生徒指導・進路指導研究センター総括研究官、同教育課程研究センター教育課程調査官。自らの中学校教員経験や各種調査結果をまじえ、「学ぶことと働くことをつなげる」キャリア教育や地域連携の重要性を説いている。

■著

稲葉　茂勝（いなば　しげかつ）

東京都生まれ。大阪外国語大学、東京外国語大学卒業。子ども向けの書籍のプロデューサーとして多数の作品を発表。自らの著作は『世界の言葉で「ありがとう」ってどう言うの？』（今人舎）など、国際理解関係を中心に著書・翻訳書の数は80冊以上にのぼる。2016年9月より「子どもジャーナリスト」として、執筆活動を強化しはじめた。

この本の情報は、2017年2月現在のものです。

編集・デザイン　　こどもくらぶ（二宮　祐子、矢野　瑛子）
企　画・制　作　　株式会社エヌ・アンド・エス企画

■写真協力（敬称略）

(p5) 京都市立洛央小学校
(p13) サッポロホールディングス
(p16、17) 指宿市立徳光小学校、JA いぶすき
(p18、19) 杉並区立杉並第四小学校
(p20、21) 松山市立東雲小学校
(p22、23) 三鷹市立第四小学校
(p24、25) 焼津市立大井川西小学校
(p26、27) 高浜町立内浦小学校、高浜まちづくりネットワーク
(p28、29) 大垣市立中川小学校
(表紙右上)「パティスリー＆カフェ デリーモ」シェフパティシエ 江口和明

■写真提供

(p4) hanapon1002 / PIXTA
(p6) haru / PIXTA
(p8) テラ、kou / PIXTA
(p10) Fast&Slow、Kazuhiro Konta / PIXTA
(表紙左下) ベイレスイメージズ / PIXTA
(表紙右下、左上) アフロ

■参考資料

「統計局ホームページ／家計調査（家計収支編）調査結果 - 総務省統計局」
http://www.stat.go.jp/data/kakei/2.htm

「産業構造、職業構造の推移　第2節　厚生労働省」
http://www.mhlw.go.jp/wp/hakusyo/roudou/13/dl/13-1-4_02.pdf

「統計局ホームページ／労働力調査　長期時系列データ - 総務省統計局」
http://www.stat.go.jp/data/roudou/longtime/03roudou.htm

「第10回キャリア教育優良教育委員会、学校及びPTA団体等文部科学大臣表彰授賞団体における推薦理由」
http://www.mext.go.jp/b_menu/houdou/28/11/__icsFiles/afieldfile/2016/11/30/1379975_002.pdf

「『生きる力』を育む起業家教育のススメ
小学校・中学校・高等学校における実践的な教育の導入例」
（経済産業省、作成協力：文部科学省）
http://www.meti.go.jp/policy/newbusiness/downloadfiles/jireisyu.pdf

『変わる！ キャリア教育　小・中・高等学校までの一貫した推進のために』
編／文部科学省国立教育政策研究所生徒指導・進路指導研究センター
ミネルヴァ書房　2016年

シリーズ・「変わる！ キャリア教育」
②「仕事」と「職業」はどうちがうの？
キャリア教育の現場を見てみよう

2017年4月15日　初版第1刷発行　　〈検印省略〉

定価はカバーに表示しています

監　修　者　　長　田　　　徹
著　　　者　　稲　葉　茂　勝
発　行　者　　杉　田　啓　三
印　刷　者　　藤　田　良　郎

発行所　株式会社 ミネルヴァ書房
607-8494 京都市山科区日ノ岡堤谷町1
電話 075-581-5191／振替 01020-0-8076

©稲葉茂勝, 2017　印刷・製本　瞬報社写真印刷株式会社

ISBN978-4-623-08023-6
NDC375/32P/27cm
Printed in Japan

シリーズ・「変わる！ キャリア教育」

長田 徹 監修
（文部科学省初等中等教育局児童生徒課生徒指導調査官）

稲葉茂勝 著（子どもジャーナリスト）

27cm　32ページ　NDC375
オールカラー　小学校中学年〜

1　学校にいくのは、なんのため？
読み・書き・計算と学ぶ態度を身につけよう

2　「仕事」と「職業」はどうちがうの？
キャリア教育の現場を見てみよう

3　どうして仕事をしなければならないの？
アクティブ・ラーニングの実例から

大人の方へ　あわせて読んでください！

変わる！ キャリア教育　小・中・高等学校までの一貫した推進のために
文部科学省 国立教育政策研究所生徒指導・進路指導研究センター 編
A4・96ページ　本体1,200円＋税

学習指導要領改訂の過程において、キャリア教育が一層重要視されている。本書は、国立教育政策研究所生徒指導・進路指導研究センターによる七年に一度の大規模調査「キャリア教育・進路指導に関する総合的実態調査」の調査結果の概要と、調査結果に基づいて作成した各パンフレットの内容をまとめたものである。キャリア教育を実践するためのポイントや取組例が盛り込まれた、小学校から高校まですべての教員必携の一冊。